GRACIA

GRACIA

>> MÁS QUE LO MERECIDO, MUCHO MÁS QUE LO IMAGINADO

MAX LUCADO

GUÍA DEL PARTICIPANTE PARA ESTUDIO EN GRUPOS PEQUEÑOS

ESCRITA POR AMANDA HALEY

GRUPO NELSON
Una división de Thomas Nelson Publishers
Desde 1798

NASHVILLE   DALLAS   MÉXICO DF.   RÍO DE JANEIRO

© 2012 por Grupo Nelson®

Publicado en Nashville, Tennessee, Estados Unidos de América. Grupo Nelson, Inc. es una subsidiaria que pertenece completamente a Thomas Nelson, Inc. Grupo Nelson es una marca registrada de Thomas Nelson, Inc. www.gruponelson.com

Título en inglés: *Grace: More Than We Deserve, Greater Than We Imagine. A Participant's Guide to Small Group Study*

© 2012 por Max Lucado
Escrito por Amanda Haley
Publicado por Thomas Nelson, Inc.

Editora en Jefe: *Graciela Lelli*
Traducción: *Ricardo y Mirtha Acosta*
Adaptación del diseño al español: *Grupo Nivel Uno, Inc.*

ISBN: 978-1-60255-826-7

Impreso en Estados Unidos de América

12 13 14 15 16 QGF 9 8 7 6 5 4 3 2

...por cuanto todos pecaron,
y están destituidos de la gloria
de Dios, siendo justificados
gratuitamente por su gracia,
mediante la redención que
es en Cristo Jesús.

Romanos 3.23–24

CONTENIDO

La gracia de Dios tiene
consigo algo que empapa.
Algo desenfrenado. Es
como una resaca de aguas
rápidas y revueltas que nos
desconciertan por completo.
La gracia viene tras nosotros.

INTRODUCCIÓN

En un mundo de cheques y balances, trabajos y recompensas, juicios y castigos, la *gracia* es un concepto difícil. No la podemos reconciliar. No la podemos ganar. No la tenemos que pagar. Y como le ocurre a la mayoría de la humanidad, nunca la comprenderemos por completo. Pero podemos aceptar la gracia y concederla a otros.

Conocemos la *gracia* como un sustantivo, pero Max nos dice que pensemos en la *gracia* como un verbo. Es una acción. No basta con leer acerca de la gracia, tenemos que experimentarla. Solo es debido a que Dios nos honró con el sacrificio de su Hijo que podemos otorgar gracia a otros mediante bondad, perdón, comprensión, misericordia, favor y sobre todo, con el conocimiento de la gracia del Señor. Por tanto, entender la gracia comienza con aceptarla y practicarla en nuestras vidas cotidianas. ¿Por qué no comenzar con nuestros seres queridos?

La gracia es la voz que
nos incita al cambio y que
luego nos da el poder
para llevarlo a cabo.

¿POR QUÉ ESTUDIAR CON UN GRUPO PEQUEÑO?

La relación con Dios es personal; la gracia que él nos ha dado es única porque cada individuo es hecho de modo único. Nuestras experiencias y equivocaciones difieren. Nuestros caminos para conocer a Dios varían de persona en persona. Sin embargo, la gracia del Señor en nuestras vidas debe ser evidente para el mundo. ¿Recuerdas la canción infantil «Esta lucecita mía»? Ella anima tanto a los cantantes como a los escuchas a mantener el fuego de la gracia de Dios ardiendo en los corazones y a expresar ese fuego al mundo. Jesús nos mostró cómo hacer ambas cosas: Oraba en silencio a su Padre (Lucas 6.12). Predicaba a grandes multitudes (Mateo 11.7) y desarrollaba relaciones íntimas con un pequeño grupo de discípulos (Marcos 3.14). Las acciones del Maestro fueron entonces modeladas por la iglesia del primer siglo, a la que se le animó a orar con diligencia (Efesios 6.18), a reunirse luego en grupos para leer las palabras de los apóstoles (Colosenses 4.16), y a experimentar juntos todo aspecto de la vida en sus pequeñas comunidades (Hechos 2.44).

¿Cómo calza este modelo de relación personal con Dios e interacción pública con otras personas en nuestro mundo conectado por la tecnología pero desafiado en cuanto a las relaciones humanas? Es fácil orar y estudiar por nuestra cuenta, y aun más fácil subir el sermón de un predicador a nuestras computadoras portátiles. Tal vez es un poco más difícil levantarnos de nuestras sillas de escritorios y manejar hasta el otro lado de la ciudad para estudiar con otros cristianos, pero el esfuerzo vale la pena. Si la oración bastara para experimentar a Dios, entonces Jesús habría pasado tres años de rodillas en vez de hablar desde lo alto de las colinas. Si escuchar un sermón dominical fuera suficiente para el crecimiento espiritual, entonces él habría pasado cada minuto predicando a miles en vez de honrar a su «grupo pequeño» de discípulos con el amor y la sabiduría del Señor.

Ten en cuenta la dinámica dentro de aquel pequeño grupo de hombres. Viajaban a las mismas ciudades, comían los mismos alimentos y dormían en los mismos lugares. Cada mañana Jesús despertaba rodeado por doce individuos malolientes y a menudo quejumbrosos. ¿Por qué pasaría el hombre-Dios por esto? Jesús sabía que las relaciones se desarrollan mejor dentro de un grupo pequeño, y que a su vez esas relaciones nos desarrollan como individuos, por tanto nos honró con su presencia terrenal. Las personas que te rodean son las más propensas a pedirte cuentas. Ellas conocen tus mejores y peores partes, y no temen enfrentar las últimas y elogiar las primeras. Solo pregunta al apóstol Pedro (Mateo 16.16–19, 22–23).

CÓMO ESTUDIAR EN UN GRUPO PEQUEÑO

Igual que en una familia muy unida, cada miembro de un grupo pequeño debe esforzarse por conocer bien a los demás. Durante las reuniones del grupo se podrían revelar secretos, celebrar triunfos, discutir creencias o sufrir pérdidas. En un ambiente tan cargado emocionalmente es útil recordar algunas pautas. Es más, las podrías encontrar útiles para todas tus interacciones sociales.

1. COMPROMISO

En tu primera reunión, el líder te dará una hoja de trabajo titulada «Objetivos de la gracia». Esta hoja detallará tus metas personales para este estudio y los objetivos del grupo. El compromiso individual con el grupo plantea la importancia del estudio y reconoce el valor de cada miembro. El grupo debe acordar y comprometerse en cuanto a aspectos tales como hora de reunión, estructura, cuidado de niños, metas de estudio, expectativas de las tareas y cantidad de participantes.

2. CONSIDERACIÓN

La cortesía y el respeto mutuo sientan las bases para un grupo próspero. Conversaciones equilibradas llevan a relaciones equilibradas. Asegúrate de que todos tengan la oportunidad de hablar. Mientras más hables, más aprenderán los demás acerca de ti. Mientras más escuches, más aprenderás respecto a los demás.

Si disientes con alguien en el grupo, recuerda que el objetivo son las discusiones sanas. El grupo pequeño debe ser un lugar seguro para todos los miembros, incluso para aquellos que crees que están equivocados. Sé sensible a las perspectivas de los demás, y muéstrales la gracia que te gustaría recibir si dijeras algo controversial.

3. CONFIDENCIALIDAD
A medida que el estudio progresa, te sentirás animado a compartir anécdotas de gracia que has recibido y también de gracia que has ofrecido. Si una historia es de naturaleza sensible, respeta la intimidad de quien la cuenta. No permitas que las conversaciones trasciendan más allá del grupo.

4. CONSEJO
Así como tu grupo pequeño no es un lugar para regar chismes, tampoco lo es para imponer tus opiniones y decir a otros «lo que debieron haber hecho». Comprométete a escuchar a los demás y a abstenerte de brindar consejo no solicitado.

5. CREDO
Vale la pena resaltar esto. A medida que estudias y discutes la gracia como sustantivo, recuerda practicar la gracia como verbo. Trata a los demás con la gracia maravillosa y eterna que Jesús te brindó cuando estaba en la cruz. La gracia se nos ofreció a todos en el Calvario, y tú puedes darla y recibirla dentro de tu grupo pequeño. Por tanto, haz que el lema de tu grupo sea «SU GRACIA VIVE AQUÍ».

CÓMO USAR ESTA GUÍA

Antes de cada sesión de grupo pequeño deberás completar algunas tareas. Quizás argumentes: «¡Pero no he hecho tareas en años! No tengo tiempo para añadir algo más a mi ya atestado horario». Los miembros de tu grupo comprenderán esa sensación porque el tiempo es apretado para todos nosotros. Pero si te has unido a un grupo pequeño, entonces te has comprometido a invertir tu vida y tu tiempo en otras personas. Aprovecha al máximo esta oportunidad estando preparado. Tómate el tiempo suficiente durante la semana para leer los capítulos correspondientes a cada sesión en el libro *Gracia* y para contestar las preguntas en esta guía de estudio.

Cuando te reúnas con tu grupo pequeño, cada sesión empezará con una corta presentación en video acerca de las ideas centrales de la tarea de esa semana respecto a la gracia. Luego tu líder comenzará una discusión basándose en las preguntas de estudio que has considerado y contestado a lo largo de la semana. Durante el tiempo de reunión tal vez el grupo no logre concluir todas las preguntas. Algunas podrían resultarte más conmovedoras que otras, y otras podrían suscitar conversaciones que parecerán salirse del tema. Eso está bien. Deja que el Espíritu Santo se mueva a través de las pláticas y los una como miembros de grupo. Además recuerda siempre que durante el tiempo de tu grupo pequeño, SU GRACIA VIVE AQUÍ.

Cuando la gracia obra no
recibimos de Dios una
encantadora felicitación
sino un corazón nuevo. Si
le entregamos el corazón a
Cristo, él nos devuelve el favor.

LA VIDA MOLDEADA POR LA GRACIA

Estudio de la gracia

Lee el capítulo 1 de *Gracia* antes de comenzar tu estudio de esta semana.

Gracia no solo es un sustantivo. Sí, Dios nos da gracia, pero luego utiliza esa misma gracia para cambiarnos. Nos volvemos más como él, capaces de otorgar gracia abundantemente a otros. Nadie ilustra el poder transformador de la gracia mejor que el apóstol Pablo, quien después de odiar a los cristianos se convirtió en amante de Cristo.

Previo al ministerio cristiano de Pablo, a quien Max se refiere en el video de la sesión 1, el apóstol aprendió mucho acerca de la gracia. Antes de que su nombre fuera cambiado a «Pablo», Saulo fue un judío con alto nivel de educación que pretendía acabar con la creciente comunidad de judíos que reconocían a Jesús como el Cristo, su Salvador. Después de presidir la pena de muerte de Esteban en Jerusalén (Hechos 8.1), Saulo viajó a Damasco para entregar al sumo sacerdote las órdenes de arrestar a los seguidores de Cristo que vivían allí.

Yendo por el camino, aconteció que al llegar cerca de Damasco, repentinamente le rodeó un resplandor de luz del cielo; y cayendo en tierra, oyó una voz que le decía: Saulo, Saulo, ¿por qué me persigues? Él dijo: ¿Quién eres, Señor? Y le dijo: Yo soy Jesús, a quien tú persigues; dura cosa te es dar coces contra el aguijón. Él, temblando y temeroso, dijo: Señor, ¿qué quieres que yo haga? Y el Señor le dijo: Levántate y entra en la ciudad, y se te dirá lo que debes hacer. Y los hombres que iban con Saulo se pararon atónitos, oyendo a la verdad la voz, mas sin ver a nadie. Entonces Saulo se levantó de tierra, y abriendo los ojos, no veía a nadie; así que, llevándole por la mano, le metieron en Damasco, donde estuvo tres días sin ver, y no comió ni bebió. (Hechos 9.3–9)

En un principio, esta experiencia quizás no pareció mostrar mucha gracia, pero ese veloz encuentro con el Señor, aunque lo dejó discapacitado, hizo que Saulo anhelara más de Jesús en su vida. Para cuando Ananías llegó, a fin de otorgarle la gracia de Dios y restaurarle la vista, Saulo estaba literalmente hambriento de gracia, sediento de gracia. Es más, se hallaba tan lleno de gracia que esta le brotaba del corazón y se le vertía por la boca: «En seguida predicaba a Cristo en las sinagogas, diciendo que este era el Hijo de Dios» (Hechos 9.20).

> Piensa en un tiempo del pasado en que te diste cuenta que estabas equivocado. ¿Cómo reaccionaste? ¿Trataste de justificar tu comportamiento, o dijiste la verdad?

> ¿Estás siempre listo a proclamar la gracia de Dios, sin importar dónde estés o cuál sea tu audiencia? ¿Por qué sí o por qué no?

Afortunadamente, Dios no siempre permite tal sufrimiento antes de ejercitar su gracia. Mucho antes de que Saulo conociera a Jesús, Dios ya lo había bendecido con inteligencia y anhelo para que asimilara dentro de su ser las leyes divinas. Pero como fariseo bien educado (Hechos 23.6), Saulo había desarrollado sus propias interpretaciones de las Escrituras, y sus tendencias obstinadas de sabelotodo hacían que la doctrina incorrecta lo separara de la gracia de Dios. Saber acerca de Dios le impedía conocer a Dios. Por eso Jesús llegó con gracia para revelar los errores del fariseo y humillarlo. Después de que Saulo «recapacitara en lo que había hecho» durante tres días, ya estuvo listo para recibir en su cuerpo el regalo de gracia desde el corazón de Jesús.

> Dios sabía que Saulo debía tocar fondo antes de estar dispuesto a abandonar sus propias interpretaciones de la ley y reconocer y asimilar la gracia divina. ¿Cuándo tu obstinación te ha impedido disfrutar de todos los beneficios de la gracia?

> El Señor te ofrece gracia cada día. Piensa en algo que sucedió hoy y que fue evidencia de la gracia de Dios en tu vida. ¿Le agradeciste por eso? ¿Te diste cuenta en ese momento que se trataba de Dios?

> ¿Cómo puedes aumentar tu conciencia acerca de la gracia cotidiana del Señor?

> ¿Te has dado cuenta alguna vez que Dios te usa como una vasija para su gracia como lo hizo con Ananías (Hechos 9.10–17)? ¿Asumiste con alegría la misión del Señor, o permitiste que tu propio temor u obstinación retrasaran los planes divinos?

> ¿Cuáles son algunas maneras en que puedes ser una vasija de la gracia para con

- tus compañeros de trabajo,

- los miembros de tu familia,

- tus vecinos?

Después de aceptar la gracia de Dios y permitir que lo transformara, Saulo se cambió el nombre a Pablo y comenzó a predicar y a escribir acerca de la gracia divina. La gracia del Señor se observó en el resto de la vida del apóstol, y ahora somos bendecidos al tener acceso a algunos de sus sermones y escritos en el Nuevo Testamento. Echemos una mirada a algunos de los mensajes de Pablo a los que Max se refiere en *Gracia* y en el video de la sesión 1.

En una carta a su joven apóstol, Tito, Pablo mencionó la centralidad de la gracia en la organización y el desarrollo de la iglesia y sus miembros:

La gracia de Dios se ha manifestado para salvación a todos los hombres, enseñándonos que, renunciando a la impiedad y a los deseos mundanos, vivamos en este siglo sobria, justa y piadosamente, aguardando la esperanza bienaventurada y la manifestación gloriosa de nuestro gran Dios y Salvador Jesucristo, quien se dio a sí mismo por nosotros para redimirnos de toda iniquidad y purificar para sí un pueblo propio, celoso de buenas obras. (Tito 2.11–14)

> ¿Qué le dijo Pablo a Tito que la gracia nos brinda?

> ¿Qué nos enseña la gracia que debemos cambiar en nuestras vidas?

> ¿Qué espera la gracia?

> ¿Cómo cambia la gracia nuestras acciones una vez que nos da nuevos corazones?

Según lo señala Max, es evidente que estamos perdiendo la magnitud de la gracia de Dios en nuestras vidas si la vemos solamente como algo que recibimos. Recuerda que la gracia está en acción, y que debemos representarla a fin de experimentarla de manera adecuada. Imagina que Pablo tan solo hubiera aceptado la gracia del Señor sin ponerla en acción. De ser así, el evangelio de la gracia quizás no se hubiera extendido más allá de los judíos hasta los gentiles que vivían en Creta, Colosas y Galacia.

Pablo describió a los gentiles la comprensión que tuvo del «misterio» de Cristo que obra en nosotros:

La palabra de Dios, el misterio que había estado oculto desde los siglos y edades, pero que ahora ha sido manifestado a sus santos, a quienes Dios quiso dar a conocer las riquezas de la gloria de este misterio entre los gentiles; que es Cristo en vosotros, la esperanza de gloria, a quien anunciamos, amonestando a todo hombre, y enseñando a todo hombre en toda sabiduría, a fin de presentar perfecto en Cristo Jesús a todo hombre. (Colosenses 1.25–28)

> ¿Cuál es el gran «misterio» que ahora se le ha manifestado a la iglesia?

> ¿Cómo es «Cristo en vosotros» una descripción de la gracia?

> ¿Qué se requiere de nosotros «a fin de presentar perfecto en Cristo Jesús a todo hombre»?

Al escribir a los seguidores de Jesús en Galacia, Pablo contó la historia de un encuentro que tuvo con Pedro. Poco después de que el Espíritu Santo viniera sobre él, Pedro tuvo una visión que clarificaba que ningún alimento era común o inmundo... la ley estaba obsoleta a la luz de la muerte de Jesús en la cruz (Hechos 10.9–16). Pero unos años más tarde, al ser confrontado con judíos que aún comían solo alimentos kosher, Pedro regresó a sus propias raíces kosher. Pablo lo reprendió por esta debilidad de fe, como lo citó aquí para que los gálatas leyeran:

Yo por la ley soy muerto para la ley, a fin de vivir para Dios. Con Cristo estoy juntamente crucificado, y ya no vivo yo, mas vive Cristo en mí; y lo que ahora vivo en la carne, lo vivo en la fe del Hijo de Dios, el cual me amó y se entregó a sí mismo por mí. No desecho la gracia de Dios; pues si por la ley fuese la justicia, entonces por demás murió Cristo. (Gálatas 2.19–21)

Como le explicara a Pedro y a los gálatas, Pablo entendió que una vez que aceptamos la gracia, una vez que «Cristo vive en» nosotros, ya no hay necesidad de la ley. Esta no puede salvarnos, y no la necesitamos para guiar nuestras acciones una vez que solo actuamos en gracia.

> ¿Cómo pudo Pablo estar crucificado «con Cristo»? ¿Cómo podemos también nosotros afirmar eso?

> Nosotros no seguimos la ley de Moisés como hicieran Pedro y Pablo. En lugar de eso, ¿qué cosas son las que nos atan y dirigen nuestras acciones? ¿A qué debemos «morir» a fin de «vivir para Dios»?

> ¿Cómo cooperan «la fe del Hijo de Dios» y el hecho de que «vive Cristo en [ti y en] mí»?

Hablemos de la gracia

Al inicio de la sesión con tu grupo pequeño, vean el video de Max que acompaña este estudio bíblico. Dedica un poco de tiempo a discutir lo que tanto tú como los miembros del grupo aprendieron del capítulo 1 de *Gracia*, de tus estudios personales de la lección de esta semana, y del mensaje de Max. Luego considera estas preguntas con tu grupo:

> ¿Ha hecho Dios un trasplante de corazón en ti?

> ¿Qué motivaciones hay en tu corazón que no deberían estar allí?

> ¿Qué se necesitaría para que fueras como Pablo, a fin de que tuvieras un corazón que palpitara solo por Jesús?

> Decide con tu grupo pequeño una actividad que puedan completar juntos durante el mes siguiente y que manifieste gracia a alguien en la comunidad. He aquí algunas ideas para empezar la conversación:

- Comprometerse a dar tiempo un sábado para ayudar a construir una casa de Hábitat para la Humanidad.

- Ir a la Cruz Roja y donar sangre o plaquetas.

- Adoptar a una familia pobre en la comunidad durante la temporada de Navidad.

- Alistarse como voluntarios para un banco de alimentos.

- Hacer posible en tu iglesia una «Noche de padres fuera de casa», cuidándoles gratis a los niños pequeños.

- Hacer trabajos de reparación en la casa de un anciano o de una madre soltera.

Conclusión / Oración

Cierren su tiempo de grupo al compartir motivos de oración y orar los unos por los otros.

Notas

JESÚS
SE **INCLINÓ** PARA TOMAR NUESTRO LUGAR

Estudio de la gracia

Lee el capítulo 2 de *Gracia* antes de comenzar tu estudio de esta semana.

Max nos recordó en la sesión anterior que la gracia es una acción, algo que Jesús nos otorgó cuando murió en la cruz y algo que entregamos a otros cuando practicamos gracia para beneficio de ellos. Del mismo modo que podemos mostrar constantemente gracia a otros por medio de nuestras acciones, Jesús nos está mostrando gracia continuamente. Ahora mismo él está en el cielo, argumentando a nuestro favor para que Dios el Padre perdone nuestros pecados.

Jesús siempre ha estado en la tarea de ayudar a los pecadores. La Biblia nos narra cómo él practicó gracia en la tierra, lo cual detalla el apóstol Juan. En el video de la sesión 2, Max vuelve a contar la historia de Juan sobre cómo Jesús trató a una mujer adúltera:

> Y por la mañana volvió al templo, y todo el pueblo vino a él; y sentado él, les enseñaba. Entonces los escribas y los fariseos le trajeron una mujer sorprendida en adulterio; y poniéndola en medio, le dijeron: Maestro, esta mujer ha sido sorprendida en el acto mismo de adulterio. Y en la ley nos mandó Moisés apedrear a tales mujeres. Tú, pues, ¿qué dices? Mas esto decían tentándole, para poder acusarle. Pero Jesús, inclinado hacia el suelo, escribía en tierra con el dedo. (Juan 8.2–6)

Jesús se inclinó hacia el suelo, se colocó más abajo que todos sus estudiantes, más abajo que los acusadores y más abajo incluso que la mujer acusada. Esta es una representación de la gracia divina en acción. Por el resto de su vida Jesús se inclinaría para que nosotros pudiéramos ser levantados. Se inclinaría para lavar los pies de los discípulos, para cargar la cruz y para salir del sepulcro.

> ¿Qué aprendemos al ver a Jesús, el Dios del universo, humillándose e inclinándose para ofrecer gracia a los pecadores?

> ¿Estamos dispuestos a humillarnos para mostrar gracia a compañeros pecadores y a personas menos afortunadas a nuestro alrededor?

La demostración de humildad de Jesús dio lugar a la humillación de los acusadores y al rescate de la mujer. La humildad es en este caso el catalizador de la gracia.

Como insistieran en preguntarle, se enderezó y les dijo: El que de vosotros esté sin pecado sea el primero en arrojar la piedra contra ella. E inclinándose de nuevo hacia el suelo, siguió escribiendo en tierra. Pero ellos, al oír esto, acusados por su conciencia, salían uno a uno, comenzando desde los más viejos hasta los postreros; y quedó solo Jesús, y la mujer que estaba en medio. Enderezándose Jesús, y no viendo a nadie sino a la mujer, le dijo: Mujer, ¿dónde están los que te acusaban? ¿Ninguno te condenó? Ella dijo: Ninguno, Señor. Entonces Jesús le dijo: Ni yo te condeno; vete, y no peques más. (Juan 8.7–11)

¿Qué se puede decir de esos acusadores? Estaban tomando la ley de Dios, la cual buscaba acercar a su pueblo hacia él, y usándola para separar a los pecadores del Señor. A primera vista, ellos estaban utilizando la ley de Dios para poner a prueba a una pecadora. Pero mira más profundamente. La verdadera intención de los acusadores era manipular la ley para poner a prueba a Dios mismo, encarnado en Jesús.

Juan describió en Apocalipsis a otro acusador, uno que actuaba muy parecido a estos hombres. Juan estaba teniendo una visión del cielo y oyó una voz que decía: «Ha sido lanzado fuera el acusador de nuestros hermanos, el que los acusaba delante de nuestro Dios día y noche» (Apocalipsis 12.9–10). Satanás es ese gran acusador.

> Satanás usó a estos hombres para impactar con culpa a la mujer y para probar los límites de la gracia de Jesús. ¿A quién o qué ha utilizado Satanás para asaltarte con culpa?

> ¿Qué debes hacer para evitar que Satanás te haga sentir culpable?

Menos mal que Jesús no nos deja indefensos ante este acusador. El Señor no solo se inclina para salvarnos sino que se pone de pie para hacerlo. Jesús es nuestro abogado: «Si alguno hubiere pecado, abogado tenemos para con el Padre, a Jesucristo el justo» (1 Juan 2.1). Él está en el cielo ahora mismo argumentando a nuestro favor delante de Dios. Jesús es mejor que cualquier abogado defensor que puedas contratar porque él siempre está allí, y siempre gana. El escritor de la carta a los hebreos coincidió con Juan en que «[Jesús] puede también salvar perpetuamente a los que por él se acercan a Dios, viviendo siempre para interceder por ellos» (Hebreos 7.25).

> ¿Cómo «intercede» Jesús por nosotros?

> ¿Has tenido alguna vez la oportunidad de defender a alguien? ¿Cómo reaccionó esa persona cuando la honraste con tu apoyo?

> ¿Alguna vez alguien te ha defendido o ha abogado por ti? ¿Cómo representó esta acción el regalo perpetuo de gracia de parte de Jesús?

Hablemos de la gracia

Al inicio de la sesión con tu grupo pequeño, vean el video de Max que acompaña este estudio bíblico. Dedica un poco de tiempo a discutir lo que tanto tú como los miembros del grupo aprendieron del capítulo 2 de *Gracia*, de tus estudios personales de la lección de esta semana y del mensaje de Max. Luego considera estas preguntas con tu grupo:

> Piensa en una ocasión en que Jesús «se inclinó» o se «irguió» para salvarte de tu pecado. ¿Cómo difiere esta gracia divina del juicio del mundo?

> ¿De qué cosas te acusa constantemente Satanás que estás haciendo mal, tal vez incluso después de que te hayas arrepentido? ¿Qué puedes hacer para cambiar tu enfoque de la culpa que él causa hacia la gracia que te ofrece Jesús?

> Cuando ves a otros luchando con el recuerdo de pecados pasados, ¿qué puedes decir o hacer para recordarles que Jesús, quien ya les ha quitado la culpa, es su abogado en el cielo?

Conclusión / Oración

Cierren su tiempo de grupo al compartir motivos de oración y orar los unos por los otros.

Notas

AHORA PUEDES
DESCANSAR

Estudio de la gracia

Lee el capítulo 4 de *Gracia* antes de empezar tu estudio de esta semana.

Desde el momento en que nacemos, descubrimos que el trabajo arduo rinde resultados. ¿Quieres atravesar el cuarto sin caerte? Sigue intentando. ¿Quieres ganar el campeonato? Sigue practicando. Los bebés aprenden a caminar. Los atletas conquistan trofeos. Los ejecutivos obtienen bonificaciones. El mundo es un lugar orientado a obtener resultados, donde solo cuenta el éxito tangible.

Max nos cuenta que cuando estaba en la secundaria le encantaba este sistema. Le gustaba saber dónde él estaba en el mundo, saber que era un triunfador por la cantidad de insignias al mérito en su banda de niños exploradores. Pero cuando se trata de la salvación, *¿qué* *prueba tangible existe?*, se preguntaba, *¿puedo hacer lo suficiente alguna vez? ¿Seré alguna vez suficientemente bueno?* No. Ninguno de nosotros jamás podrá ser o hacer lo suficiente para ganar el cielo.

Por eso Dios creó la *gracia*. Cuando envió a su Hijo a la tierra para ser crucificado, él pagó todas las deudas que jamás adquiriríamos, al hacer el único sacrificio que jamás necesitaríamos por nuestros pecados. Él adquirió nuestra salvación por nosotros y luego nos la obsequió. Eso es gracia. Como dijera Pablo: «Por gracia sois salvos por medio de la fe; y esto no de vosotros, pues es don de Dios; no por obras, para que nadie se gloríe» (Efesios 2.8–9). No podemos ganárnosla porque Jesús ya hizo todo el trabajo. Lo único que podemos hacer es aceptar esa gracia teniendo fe en que la muerte de Cristo bastó para salvarnos.

> En su carta a los efesios, Pablo escribió a los cristianos judíos y gentiles del primer siglo, quienes discutían si era necesario o no obedecer las leyes judías cuando alguien decide seguir a Jesús. ¿Qué hábitos o tradiciones esperas que otros obedezcan para «ser» cristianos? ¿Son tales expectativas tradicionales compatibles con la gracia?

> ¿Cómo es que la gracia de Dios y nuestra fe obran juntas para producir salvación?

Algo que debería ser fácil —que no exige esfuerzo de nuestra parte—, es un concepto difícil de aceptar en este mundo orientado en el mérito. Este concepto era aun más difícil de aceptar para los judíos del primer siglo, quienes habían vivido todas sus vidas bajo la ley. En su carta a los judíos cristianos que vivían en Roma, Pablo explicó que ahora la gracia había reemplazado a la ley, y que estaba disponible para todo el mundo:

Pero ahora, aparte de la ley, se ha manifestado la justicia de Dios... por medio de la fe en Jesucristo, para todos los que creen en él. Porque no hay diferencia [entre judíos y gentiles], siendo justificados gratuitamente por su gracia, mediante la redención que es en Cristo Jesús, a quien Dios puso como propiciación por medio de la fe en su sangre, para manifestar su justicia, a causa de haber pasado por alto, en su paciencia, los pecados pasados, con la mira de manifestar en este tiempo su justicia. (Romanos 3.21–26)

> ¿Por qué ya no es necesaria la ley para experimentar la gracia del Señor? ¿Cómo obra la abolición de la ley con las tradiciones que muchos cristianos siguen hoy día?

> ¿Has permitido alguna vez que ideas no bíblicas interfieran en tus relaciones con otros cristianos? ¿Cuál fue el resultado del desacuerdo? ¿Resultó honrado Dios por la forma en que trataste a tu hermano o hermana en Cristo?

> ¿Cómo reaccionas cuando enfrentas una opinión contraria? ¿Eres paciente y estás dispuesto a escuchar a la otra persona, o la atacas y condenas sus creencias antes de comprender su punto de vista?

Darnos cuenta que nuestros hábitos y tradiciones son innecesarios o incorrectos es difícil. Los judíos del primer siglo solían consumir comida kosher, pero Pablo y otros apóstoles les enseñaban que lo que comían ya no afectaba su salvación. La gracia había vuelto obsoleta todas sus leyes. Incluso Pedro, quien estuvo con Jesús durante los tres años de ministerio del Maestro, necesitó que una visión sobrenatural lo convenciera de cambiar la manera de pensar:

[Pedro] tuvo gran hambre, y quiso comer; pero mientras le preparaban algo, le sobrevino un éxtasis; y vio el cielo abierto, y que descendía algo semejante a un gran lienzo, que atado de las cuatro puntas era bajado a la tierra; en el cual había de todos los cuadrúpedos terrestres y reptiles y aves del cielo. Y le vino una voz: Levántate, Pedro, mata y come. Entonces Pedro dijo: Señor, no; porque ninguna cosa común o inmunda he comido jamás. Volvió la voz a él la segunda vez: Lo que Dios limpió, no lo llames tú común. (Hechos 10.10–15)

Con la muerte de Jesús se acabó el sistema de méritos y se ofreció la gracia. Los judíos no tenían que pasar sus vidas siguiendo meticulosamente las 613 leyes, y los nuevos seguidores gentiles de Jesús no tenían que aprender y luego seguir esas mismas leyes. A través de un sacrificio final, la muerte del Hijo de Dios en la cruz, se completaron todos los sacrificios necesarios para todas las personas de todos los tiempos. Se saldaron todas las deudas.

> Piensa en la última vez que te ofrecieron algo, quizás un traslado en el trabajo o un ascenso, algo que tenía el potencial de influir positivamente en tu vida. ¿Aceptaste ese regalo, o lo rechazaste porque «las viejas costumbres difícilmente mueren»? ¿Cómo cambió tu vida ese regalo, o cómo crees que te habría cambiado la vida si lo hubieras aceptado?

Hablemos de la gracia

Al inicio de la sesión con tu grupo pequeño, vean el video de Max que acompaña este estudio bíblico. Dedica un poco de tiempo a discutir lo que tanto tú como los miembros del grupo aprendieron del capítulo 4 de *Gracia*, de tus estudios personales de la lección de esta semana y del mensaje de Max.

> ¿Has sentido alguna vez que hay ciertas cosas que debes hacer para ser cristiano? ¿Cuáles son esas cosas?

> ¿Has estado alguna vez cerca de alguien que afirma ser mejor cristiano que tú? Según esa persona, ¿en qué aspectos estás equivocado? ¿Cómo reaccionaste?

> ¿Cuándo fue la última vez que te ofrecieron algo gratis? ¿Tal vez ganaste un sorteo o te dieron un regalo extravagante? ¿Cómo te hizo sentir eso? ¿Lo aceptaste de buena gana, o sentiste la necesidad de compensar de algún modo al dador?

Conclusión / Oración

Cierren su tiempo de grupo al compartir motivos de oración y orar los unos por los otros.

Notas

ACEPTEMOS EL
REGALO
DE PIES MOJADOS

Estudio de la gracia

Lee el capítulo 5 de *Gracia* antes de comenzar tu estudio de esta semana.

Max explicó en la sesión anterior que la gracia es un regalo, algo que no podemos ganar haciendo buenas obras ni siendo buenas personas. Lo único que se nos pide es tener fe en que el sacrificio de Jesús bastó para reconciliarnos con Dios y que a través de la gracia del Padre nuestros pecados quedan cubiertos. Sin condiciones. Pero recuerda que la gracia es también una acción. Una vez que hemos sido cubiertos por la gracia, el Espíritu Santo nos obliga a mostrar esa gracia a otras personas.

Todos conocemos la Regla de Oro: «Como queréis que hagan los hombres con vosotros, así también haced vosotros con ellos» (Lucas

6.31). Jesús practicó lo que enseñaba. La noche anterior a su arresto mostró gracia a Judas, el hombre que él sabía que lo iba a entregar a la muerte. Jesús tomó la posición de un siervo quitándose el manto, ciñéndose una toalla, inclinándose sobre manos y pies y lavándoles las partes más sucias tanto a Judas como al resto de sus discípulos. Lee la historia en Juan 13.1–17:

> No estáis limpios todos. Así que, después que les hubo lavado los pies, tomó su manto, volvió a la mesa, y les dijo: ¿Sabéis lo que os he hecho? Vosotros me llamáis Maestro, y Señor; y decís bien, porque lo soy. Pues si yo, el Señor y el Maestro, he lavado vuestros pies, vosotros también debéis lavaros los pies los unos a los otros. Porque ejemplo os he dado, para que como yo os he hecho, vosotros también hagáis. (Juan 13.11–15)

Si Jesús pudo mostrar gracia a un hombre cómplice en su muerte, ¿no deberíamos nosotros ofrecer también gracia a quienes nos rodean? Ninguno de nosotros ha experimentado la clase de sufrimiento que Jesús padeció mientras colgaba en la cruz, sin embargo simplemente permitimos que los recuerdos de nuestras heridas emocionales nos impidan perdonar a otros. Guardamos rencor por todo, por asuntos grandes y pequeños, desde autos destrozados hasta tulipanes pisoteados. Queremos justificar nuestra obstinación, afirmando que perdonar equivaldría a aprobar lo que está mal, pero no es así. Honrar a tu vecino con perdón, replantando los tulipanes tú mismo, y hasta regalándole un bulbo, no le da licencia para destruir todo en tu jardín. Esa muestra de gracia en realidad te dará una oportunidad de edificar una relación con tu vecino y quizás también la oportunidad de recordarle tus líneas de propiedad. De igual modo, Dios no aprueba ningún pecado; el Señor nos honra con perdón mientras nos recuerda su ley, y la interacción nos acerca más a él.

> Describe la primera conversación que tuviste con un antagonista después de que te ofendiera. En respuesta, ¿pudiste explicar tus sentimientos sin ofender a la otra persona? ¿Ofreciste bondad y perdón, o seguiste guardando rencor?

> Si ofreces palabras amables a alguien que te ha ofendido en el pasado, ¿cómo crees que reaccionará esa persona?

Mientras Jesús se hallaba inclinado en el suelo usando solo un taparrabos y lavando los pies de sus discípulos, estos debieron haberse sentido incómodos. Es posible que les disgustaran los pies tanto como le disgustan a Max. Según la Biblia, ninguno se atrevió a hablar durante este extraño suceso... es decir hasta que Jesús llegó a los pies de Pedro. Como de costumbre, el apóstol dijo lo que pensaba:

> Entonces vino a Simón Pedro; y Pedro le dijo: Señor, ¿tú me lavas los pies? Respondió Jesús y le dijo: Lo que yo hago, tú no lo comprendes ahora; mas lo entenderás después. Pedro le dijo: No me lavarás los pies jamás. Jesús le respondió: Si no te lavare, no tendrás parte conmigo. Le dijo Simón Pedro: Señor, no sólo mis pies, sino también las manos y la cabeza. (Juan 13.6–9)

Cuando otros nos brindan gracia, a menudo nos parece extraño, como si un hombre adulto se inclinara en el suelo para lavarte los pies. Tu primera reacción sería rechazarlo. Podrías preguntarte qué es lo que la persona espera a cambio, porque has aprendido eso en la vida. «No existe tal cosa como un almuerzo gratis», dice el refrán. Pero la verdadera gracia es gratuita. Una vez que Pedro comprendió lo que Jesús estaba haciendo, prácticamente quiso que el Maestro lo bañara en gracia.

> Piensa en una ocasión en que te brindaron gracia. ¿La rechazaste porque te pareció algo extraño, o la aceptaste de buena gana?

> ¿Cuál fue tu reacción hacia quien te ofreció esa gracia? ¿Estuviste dispuesto a corresponder, o pudiste descansar en la gracia que recibiste? Recuerda, ningún discípulo se arrodilló para lavar los pies de Jesús después que él terminó.

Pablo les recordó a los efesios: «Sed benignos unos con otros, misericordiosos, perdonándoos unos a otros, como Dios también os perdonó a vosotros en Cristo» (Efesios 4.32). Una vez que has aceptado la gracia de Dios, él espera que la extendamos a quienes nos rodean. No importa que nos hayan ofendido. Debemos seguir el ejemplo de Jesús y el recordatorio de Pablo: «Mirad bien, no sea que alguno deje de alcanzar la gracia de Dios; que brotando alguna raíz de amargura, os estorbe, y por ella muchos sean contaminados» (Hebreos 12.15).

> Habla sobre alguna oportunidad que hayas tenido de mostrar gracia a alguien que te ofendió en el pasado. ¿Se la concediste? ¿Cuáles fueron las consecuencias?

> ¿En qué maneras tangibles puedes mostrar a alguien que te haya ofendido en el pasado que ahora tú le estás ofreciendo gracia?

Hablemos de la gracia

Al inicio de la sesión con tu grupo pequeño, vean el video de Max que acompaña este estudio bíblico. Dedica un poco de tiempo a discutir lo que tanto tú como los miembros del grupo aprendieron del capítulo 5 de *Gracia*, de tus estudios personales de la lección de esta semana, y del mensaje de Max. Luego considera estas preguntas con tu grupo:

> Jesús estuvo dispuesto a tocar las áreas más inmundas de sus amigos y enemigos. ¿Has mostrado alguna vez gracia a miembros «indeseables» de la sociedad?

> Piensa en la historia que Max nos narró acerca de Victoria Ruvolo. ¿Cuál habría sido tu respuesta ante un crimen que te desfigurara de manera permanente? ¿Dejarías que la gracia liberara de culpa a tu atacante y te liberara de la ira?

Conclusión / Oración

Cierren su tiempo de grupo al compartir motivos de oración y orar los unos por los otros.

Notas

La gracia se trata
completamente de Jesús.
La gracia vive porque él
vive, obra porque él obra e
importa porque él importa.

VEN A LIMPIARTE
CON LA GRACIA
QUE ABUNDA

Estudio de la gracia

Lee el capítulo 7 de *Gracia* antes de comenzar tu estudio de esta semana.

Todos tenemos tentaciones secretas que amenazan con separarnos de Dios y de su pueblo. Max confiesa en esta sesión que una de sus tentaciones es la cerveza. Como pastor, poco después de salir del seminario llegó a la conclusión de que el consumo de alcohol tal vez no era compatible con el ministerio, así que no bebería. Pero un ardiente verano de Texas se ocultó en su auto con una cerveza en la mano. Max se dio cuenta que estaba pecando, no porque estuviera bebiendo cerveza sino porque la estaba ocultando. Se había convertido en un hipócrita.

Sin duda Max no es el primer líder religioso en caer en tentación. El rey más grande de Israel, el hombre responsable de llevar la presencia de Dios a Jerusalén (2 Samuel 6), dedicó una temporada de su vida a tomar decisiones tontas, criminales e impías. En solo un año el rey David codició a una mujer casada, cometió adulterio con ella, le mintió al esposo de esta e hizo que mataran al hombre. Luego actuó como si no hubiera hecho nada malo (2 Samuel 11). Se volvió un hipócrita. Sin embargo, David no pudo escapar a la culpa:

> Mientras callé, se envejecieron mis huesos en mi gemir todo el día. Porque de día y de noche se agravó sobre mí tu mano; se volvió mi verdor en sequedades de verano. (Salmo 32.3–4)

> La culpabilidad de David lo hizo sentir viejo, adolorido y estropeado. ¿Qué impacto tiene la culpa en ti? ¿Sientes alguna reacción física ante el estrés?

> ¿Cómo influyen esos sentimientos de estrés en la manera en que te relacionas con otros? ¿En la manera en que te relacionas con Dios?

Solo después de que en audiencia pública el profeta Natán confrontara a David con sus pecados, el rey confesó su maldad ante Dios (2 Samuel 12). Su pecado secreto ya no era secreto. Finalmente oró:

Ten piedad de mí, oh Dios, conforme a tu misericordia; conforme a la multitud de tus piedades borra mis rebeliones. Lávame más y más de mi maldad, y límpiame de mi pecado. Porque yo reconozco mis rebeliones, y mi pecado está siempre delante de mí. Contra ti, contra ti solo he pecado, y he hecho lo malo delante de tus ojos; para que seas reconocido justo en tu palabra, y tenido por puro en tu juicio. (Salmo 51.1–4)

La hipocresía, ocultar a los demás tus pecados y creer que los estás escondiendo de Dios, constituye un rechazo de la gracia que el

Señor te ofrece libremente. Como dijo el apóstol Juan: «Si decimos que no tenemos pecado, nos engañamos a nosotros mismos, y la verdad no está en nosotros. Si confesamos nuestros pecados, él es fiel y justo para perdonar nuestros pecados, y limpiarnos de toda maldad» (1 Juan 1.8–9).

> ¿Cuándo fue la última vez que confesaste? Pudo haber sido en forma de una disculpa a alguien a quien ofendiste o mediante una admisión de tus pecados personales ante Dios. ¿Cuál fue el resultado de tu sinceridad?

Dios no solo quiere que le confesemos nuestros pecados sino que los confesemos unos a otros. Al escribir a una iglesia plagada de enfermedades, el apóstol Santiago expresó: «Confesaos vuestras ofensas unos a otros, y orad unos por otros, para que seáis sanados. La oración eficaz del justo puede mucho» (Santiago 5.16). Según lo que David aprendió, la culpa y el pecado pueden tener efectos físicos. Confiesa, y deja que Dios no solo te limpie el alma sino que también te sane el cuerpo de los rigores del estrés. Ora por otros que están plagados de pecado, y el Señor sanará tus relaciones.

> Piensa en una ocasión en que alguien se confesó culpable ante ti. ¿Fuiste rápido con palabras amables o con palabras de condenación?

Sí, el pecado es una enfermedad, una verdadera epidemia. Pero la confesión también es contagiosa. Ten en cuenta la experiencia de algunos exorcistas en Éfeso. No seguían a Jesús, pero intentaron usar su nombre y el de Pablo como parte de un conjuro a fin de expulsar un demonio de un individuo. ¿El resultado? El demonio confesó el poder de Jesús y luego hizo burla de los exorcistas.

Esto fue notorio a todos los que habitaban en Éfeso, así judíos como griegos; y tuvieron temor todos ellos, y era magnificado el nombre del Señor Jesús. Y muchos de los que habían creído venían, confesando y dando cuenta de sus hechos. Asimismo muchos de los que habían practicado la magia trajeron los libros y los quemaron delante de todos; y hecha la cuenta de su precio, hallaron que era cincuenta mil piezas de plata. Así crecía y prevalecía poderosamente la palabra del Señor. (Hechos 19.17–20)

Dios usó la confesión de un demonio para incitar la limpieza de los efesios quienes mezclaban su creencia en Jesús con otros rituales paganos. Estas personas confesaron sus pecados de seguir a otros dioses, demostraron su confianza en la gracia del Señor destruyendo objetos de culto, y aceptaron la gracia incluso en la sombra del templo de la diosa Diana.

> Tal como demostraron los hechiceros, las palabras pueden tener un efecto poderoso, aun cuando el que hable no esté totalmente consciente de ese poder. ¿Te han impactado alguna vez las palabras o acciones de alguien a pesar de sus intenciones?

> Al saber que Dios puede usar cualquier situación para asegurar que se «magnifique el nombre del Señor Jesús», ¿estás más dispuesto a confesar tus pecados?

> ¿De qué manera tu confesión pública podría afectar a otros que también han pecado?

Hablemos de la gracia

Al inicio de la sesión con tu grupo pequeño, vean el video de Max que acompaña este estudio bíblico. Dedica un poco de tiempo a discutir lo que tanto tú como los miembros del grupo aprendieron del capítulo 7 de *Gracia*, de tus estudios personales de la lección de esta semana y del mensaje de Max. Luego considera estas preguntas con tu grupo:

> ¿Qué debes hacer cuando tienes un desacuerdo con un compañero de trabajo?

> ¿Cómo debes responder ante una disculpa? ¿Podrías ofrecer gracia a esa persona, por grande o pequeña que haya sido su equivocación?

> ¿Hay algo que debas confesar a Dios ahora mismo? ¿Deseas compartirlo con los miembros de tu grupo?

Conclusión / Oración

Cierren su tiempo de grupo al compartir motivos de oración y orar los unos por los otros.

Notas

ELEGIDOS
PARA UN LUGAR
GARANTIZADO EN
LA FAMILIA

Estudio de la gracia

Lee el capítulo 10 de *Gracia* antes de empezar tu estudio de esta semana.

La familia es una de las estructuras más importantes en la Biblia. El primer mandamiento del Señor para la humanidad fue: «Fructificad y multiplicaos» (Génesis 1.28). Dios desea que tengamos hijos y que levantemos familias. Más adelante, presentó leyes relativas a la formación de familias, y así reforzó aun más su interés en ellas. El Antiguo Testamento indicaba al pueblo de Dios con quién podían casarse y con quién no (Levítico 18), cuáles eran los castigos por adulterio (Deuteronomio 22.13–30) y cómo se debían dividir las herencias entre los hijos (Deuteronomio 21.17; Números 27.1–11). Existían incluso medidas de seguridad incorporadas en la ley, como el levirato matrimonial, que protegía a la esposa y a los hijos y que también protegía de daños a cualesquiera otros bienes de un hombre muerto, manteniendo todo eso a nombre del propietario (Deuteronomio 25.5–6). No obstante, ¿qué pasaba si morían tanto el hombre como su esposa, dejando hijos menores de edad? No había reglas para eso.

Existe un extraño silencio en la ley respecto a la adopción, aunque este es un concepto frecuente en la Biblia. Una de las historias más famosas es la de Ester. Existe todo un libro dedicado a ella y a cómo esta mujer mantuvo a salvo a los judíos durante su exilio persa. Nada de la obra de Ester pudo haber sido posible si su primo Mardoqueo no la hubiera adoptado.

Por supuesto, la relación entre el que adopta y el adoptado no siempre es tan prometedora. Un niño adoptado quizás no siempre siga la senda que sus padres desean. Tan solo pregunta al más fabuloso padre adoptivo de todos, Dios. El apóstol Pablo nos dice en Romanos 9.4 que los israelitas eran los hijos adoptados de Dios. Ellos, aunque llamados a ser descendientes bendecidos de Abraham, no eran hijos perfectos. Con regularidad desobedecieron los mandamientos del Señor, y Dios tuvo que castigarlos con regularidad. (Básicamente todo el Antiguo Testamento ofrece ejemplos de esto.) Pero por malos que fueran sus hijos o por enojado que estuviera con ellos, Dios era su Padre. Es más, aún hoy día el Señor es Padre de este pueblo.

Pablo dijo a los judíos y gentiles de Éfeso:

Bendito sea el Dios y Padre de nuestro Señor Jesucristo, que nos bendijo con toda bendición espiritual en los lugares celestiales en

Cristo, según nos escogió en él antes de la fundación del mundo, para que fuésemos santos y sin mancha delante de él, en amor habiéndonos predestinado para ser adoptados hijos suyos por medio de Jesucristo, según el puro afecto de su voluntad. (Efesios 1.3–5)

> El Señor sabía «antes de la fundación del mundo» que crearía un camino para que toda la humanidad pudiera reconciliarse con él. Sabía que el pecado entraría al mundo y que se necesitaría de la gracia para vencerlo. ¿Estás dispuesto a conceder gracia a los demás, aunque no vean la necesidad de ella?

> Pablo indicó que nos convertimos en hijos de Dios «por medio de Jesucristo». ¿Qué fue lo que hizo Jesús, ahora nuestro Hermano, para que pudiéramos ser adoptados por el Padre?

Puesto que Jesús murió en la cruz para reconciliar a todo el mundo con Dios, todos tienen la oportunidad de convertirse en hijos de Dios. La adopción en la familia del Señor es mucho más sencilla que la adopción en una familia moderna. No hay contratos, abogados ni dinero cambiando de manos. No hay períodos de espera ni evaluaciones domésticas. La adopción solo requiere que se acepte la gracia.

En su carta a los romanos, Pablo intentó convencer mayormente a los judíos que seguían a Jesús acerca de la permanencia de la gracia, comparando la aceptación del sacrificio de Cristo con la adopción de un niño en el seno de una familia:

Todos los que son guiados por el Espíritu de Dios, éstos son hijos de Dios. Pues no habéis recibido el espíritu de esclavitud para estar otra vez en temor, sino que habéis recibido el espíritu de adopción, por el cual clamamos: ¡Abba, Padre! El Espíritu mismo da testimonio a nuestro espíritu, de que somos hijos de Dios. Y si hijos, también herederos; herederos de Dios y coherederos con Cristo, si es que padecemos juntamente con él, para que juntamente con él seamos glorificados. (8.14–17)

Cuando un niño era adoptado en Roma perdía todos sus vínculos con sus parientes sanguíneos. Se volvía ciento por ciento parte de su nueva familia, con todos los derechos hereditarios. Ninguna diferencia se hacía entre el hijo adoptado y el natural. Así pasa entre nosotros y Dios. Él nos ama tanto como ama a su Hijo, y se nos garantiza la misma herencia que Jesús tiene. Descansa en el conocimiento de que la gracia de Dios te ha convertido en su hijo y en que ya no estás en peligro de ser abandonado ante tus antiguos parientes: pecado y muerte.

Hablemos de la gracia

Al inicio de la sesión con tu grupo pequeño, vean el video de Max que acompaña este estudio bíblico. Dedica un poco de tiempo a discutir lo que tanto tú como los miembros del grupo aprendieron del capítulo 10 de *Gracia,* de tus estudios personales de la lección de esta semana y del mensaje de Max. Luego considera estas preguntas con tu grupo:

> Existen personas en este mundo que están verdaderamente solas. Se les han muerto familiares y tal vez los amigos son pocos. ¿Qué podrías decirles para insertarlas a la familia de Dios? ¿Qué podrías hacer para mostrarles el amor del Señor por todos sus hijos?

> Piensa en una situación difícil que hayas experimentado. ¿Aceptaste la gracia de Dios en ese tiempo? ¿Pudiste sentir la presencia del Señor cuando superaste la situación? Por la gracia de Dios, ¿qué aprendiste de ese período de tu vida?

Conclusión / Oración

Cierren su tiempo de grupo al compartir motivos de oración y orar los unos por los otros.

Notas

Ser salvo por gracia es ser
salvo por él; no por ideas,
doctrinas, credos o membresía
en una iglesia sino por el
mismo Jesús, quien hará
entrar al cielo a todo aquel que
le dé la aprobación de hacerlo.

GRACIA
SUSTENTADORA Y SUFICIENTE

Estudio de la gracia

Lee el capítulo 8 de *Gracia* antes de comenzar tu estudio de esta semana.

Max nos ha enseñado en las pasadas seis sesiones acerca de la importancia de la gracia salvadora de Dios. Es solamente a través de la gracia que él ofrece, como resultado del sacrificio de Jesús por nuestros pecados, que podemos vivir en el conocimiento de que somos salvos. Una vez que confiamos en esa gracia somos alentados a transmitirla, a mostrarla a otros que necesitan al Señor en sus vidas.

Pero existe otra clase de gracia: una gracia sustentadora y suficiente. Una vez que somos miembros de la familia de Dios, él siempre está con nosotros. Piensa en Pablo. En 2 Corintios 12 mencionó tener «un aguijón en mi carne» (v. 7). Pablo no fue específico; este «aguijón» pudo haber sido un mal crónico, una incapacidad física o quizás una tentación persistente a pecar. El apóstol dijo a sus lectores:

> Para que la grandeza de las revelaciones no me exaltase desmedidamente, me fue dado un aguijón en mi carne, un mensajero de Satanás que me abofetee, para que no me enaltezca sobremanera; respecto a lo cual tres veces he rogado al Señor, que lo quite de mí. Y me ha dicho: Bástate mi gracia; porque mi poder se perfecciona en la debilidad. Por tanto, de buena gana me gloriaré más bien en mis debilidades, para que repose sobre mí el poder de Cristo. Por lo cual, por amor a Cristo me gozo en las debilidades, en afrentas, en necesidades, en persecuciones, en angustias; porque cuando soy débil, entonces soy fuerte. (2 Corintios 12.7–10)

Aunque Dios permitió el «aguijón» de Pablo, también suplió gracia... no solo bastante para soportar, sino suficiente a fin de perseverar y demostrar la grandeza del Señor. Igual que Pablo, podemos estar seguros de esa misma provisión. La experiencia del apóstol testifica del poder suficiente de la gracia de Dios para sustentarnos en toda circunstancia. El Señor nunca permite un desafío sin proveernos la gracia que necesitamos para enfrentarla.

> ¿De qué manera el aguijón de Pablo fue una demostración de la gracia de Dios?

> Cuando el apóstol le pidió al Señor que le quitara el aguijón, ¿por qué crees que le fue negada la petición? ¿Qué hizo Dios por Pablo por medio de la presencia de su dolor? ¿Por nosotros, en nuestras luchas?

> ¿Por qué dijo el apóstol que se gozaba «en las debilidades, en afrentas, en necesidades, en persecuciones, en angustias»?

> ¿Qué quiso decir Pablo al afirmar: «Cuando soy débil, entonces soy fuerte»?

El apóstol Juan explicó la constancia y la abundancia de la gracia de Dios cuando presentó a Cristo al mundo en el relato de su evangelio. En Juan 1 leemos que «el Verbo» estaba con Dios antes de que el mundo fuera creado y que «el Verbo» se transformó en un ser humano y vivió en la tierra (v. 1). Juan y los demás discípulos vieron la gloria de Jesús mientras este estuvo aquí en la tierra, así como Moisés y los hebreos vieron la gloria de Dios ante ellos en el desierto del Sinaí. La misma gloria que representó el pacto de gracia para los hebreos representaba ahora el nuevo pacto de gracia del Señor para todas las personas:

Aquel Verbo fue hecho carne, y habitó entre nosotros (y vimos su gloria, gloria como del unigénito del Padre), lleno de gracia y de verdad... Porque de su plenitud tomamos todos, y gracia sobre gracia. Pues la ley por medio de Moisés fue dada, pero la gracia y la verdad vinieron por medio de Jesucristo. (Juan 1.14, 16–17)

Mediante una sola acción —enviando a su Hijo—, Dios multiplicó exponencialmente la cantidad de gracia salvadora que los seres humanos necesitaban y al mismo tiempo la cantidad de gracia sustentadora provista para ellos. La gracia estaba ahora disponible para todo el mundo, no solo para los judíos, porque la gracia estaba encarnada en Jesús, no en la ley.

> ¿Cómo compara la gloria de Jesús con la gloria de Dios en la historia del éxodo?

> ¿Cómo difiere la gracia de Jesús de la gracia previamente ofrecida solo por la ley?

Dios no ofrece adopción al mundo sin proveer suficiente gracia para cubrir a todos. Y no sacrificó a su Hijo unigénito solo para que algunas personas experimentaran gracia. Era para todo el mundo. Pablo recordó a los cristianos de Roma, quienes padecían persecución y esperaban la Segunda Venida, que a todos (judíos y gentiles) «a los que llamó, a estos también justificó; y a los que justificó, a estos también glorificó. ¿Qué, pues, diremos a esto? Si Dios es por nosotros, ¿quién contra nosotros? El que no escatimó ni a su propio Hijo, sino que lo entregó por todos nosotros, ¿cómo no nos dará también con él todas las cosas?» (Romanos 8.30–32).

Confía en Dios para tus necesidades diarias, en lugar de confiar en ti mismo. Si él está dispuesto a honrar tu vida con cosas grandes, como salvar tu alma, entonces también puede sustentar suficientemente tu vida aquí en la tierra. El sustentamiento es una forma de gracia, aunque no nos estemos moviendo hacia delante o aunque estemos haciendo algo distinto. La gracia de Dios quizás no siempre aparezca en la forma en que nos gustaría, pero siempre está allí cuando la necesitamos. Debemos aceptarla y ser agradecidos.

> ¿Confías en la gracia de Dios para todo, o te fías en ti mismo para algunas cosas? ¿Está tu autosuficiencia haciendo que rechaces la oferta de la gracia del Señor en tu vida? ¿Cómo te sientes cuando provees algo por ti mismo a diferencia de cuando lo recibes como gracia de parte de Dios?

> ¿Cuándo has dado por sentada la gracia de Dios? ¿Cómo debiste responder en ese momento a la suficiencia y al sustento que provee la gracia del Señor?

> A medida que transcurre tu día, observa los momentos de la gracia de Dios y escríbelos. ¿Qué detalles nunca has observado con los cuales el Señor te ha enaltecido? ¿Cuán diferentes serían tus días si esas necesidades menores no hubieran sido suplidas?

Hablemos de la gracia

Al inicio de la sesión con tu grupo pequeño, vean el video de Max que acompaña este estudio bíblico. Dedica un poco de tiempo a discutir lo que tanto tú como los miembros del grupo aprendieron del capítulo 8 de *Gracia*, de tus estudios personales de la lección de esta semana y del mensaje de Max. Luego considera estas preguntas con tu grupo:

> ¿Cómo te ha mostrado Dios su gracia hoy? ¿Puedes ver su presencia en las cosas que haces con regularidad?

> Piensa en una ocasión en que dudaste de tu capacidad para lograr algo. ¿Te levantó y te ayudó el Señor? ¿Qué forma adquirió su gracia?

> En esta sociedad asfixiada por las deudas, ¿qué podrías hacer para suplir las necesidades de una familia en tu comunidad que está luchando por tener comida en su mesa? ¿Cómo se parece esta actividad a la gracia sustentadora que Dios te ha dado?

Conclusión / Oración

Cierren su tiempo de grupo al compartir motivos de oración y orar los unos por los otros.

Notas

Notas

Notas

Notas

Notas

Notas

Notas